8 P 2b 91

1877

Hamy, Ernest-Théodore

Commentaires sur quelques cartes anciennes de la Nouvelle-Guinée pour servir à l'histoire

COMMENTAIRES SUR QUELQUES CARTES ANCIENNES

DE

LA NOUVELLE-GUINÉE

BOURLOTON. — Imprimeries réunies, B.

DE LA

NOUVELLE-GUINÉE

POUR SERVIR A L'HISTOIRE

DE LA DÉCOUVERTE DE CE PAYS

PAR LES NAVIGATEURS ESPAGNOLS

(1528-1608)

PAR

Le Dʳ E. T. HAMY

PARIS

SOCIÉTÉ DE GÉOGRAPHIE

BOULEVARD SAINT-GERMAIN, 184

Mai 1877

COMMENTAIRES

SUR QUELQUES

CARTES ANCIENNES

DE LA

NOUVELLE-GUINÉE

POUR SERVIR

A L'HISTOIRE DE LA DÉCOUVERTE DE CE PAYS

PAR LES NAVIGATEURS ESPAGNOLS

(1528-1608[1])

I

Il y a quelques mois à peine, le capitaine John Moresby, de la marine royale britannique, publiait le récit de ses récentes croisières dans le Pacifique sur le navire *Basilisk*, et joignait à son texte deux belles cartes donnant pour la première fois le tracé bien arrêté de toute l'extrémité orientale de la Nouvelle-Guinée et des deux groupes d'îles qui prolongent cette grande terre dans la direction de l'est[2].

Ces cartes étaient le fruit d'observations nombreuses et précises recueillies pendant deux campages fort habilement menées sur des côtes où jamais, croyait-on, les Européens ne s'étaient encore aventurés et qui, en tout cas, n'étaient représentées dans les atlas modernes que sous une forme toute sommaire et profondément incorrecte.

Reprenant et complétant presque, dans le sud-est du

1. Communiqués à la Société de Géographie dans sa séance du 2 mai 1877.

2. J. Moresby, *New-Guinea and Polynesia. Discoveries and Surveys in New-Guinea and the d'Entrecasteaux Island. A Cruise in Polynesia and Visits to the pearl-shelling Stations in Torres Sraits, of H. M. S. Basilisk*. London, 1876, in-8°. — Les deux cartes insérées dans ce volume représentent, l'une, l'ensemble des côtes de la Nouvelle-Guinée et des archipels voisins explorées par le *Basilisk*, l'autre, l'extrémité S.-E. de la grande terre et le détail des îles Hayter, Basilisk et Moresby.

1

groupe néo-guinéen, l'œuvre à laquelle Owen Stanley, Yule, Blackwood, Dumont d'Urville, Ruault-Coutance, Edwards, Bougainville, etc., avaient attaché leurs noms, le commandant du *Basilisk* avait été assez heureux pour pouvoir relier les observations de ces divers navigateurs à celles que d'Entrecasteaux avait prises dans son célèbre voyage sur l'autre bande de l'île.

Chemin faisant, M. Moresby avait trouvé un grand nombre de choses nouvelles et fort intéressantes pour la science. Il avait constaté, par exemple, que la Nouvelle-Guinée se termine au sud-est par une sorte de large fourche, et non par le promontoire maigre et effilé que l'on voit pointillé sur toutes les cartes récentes. La plus méridionale des deux branches de la fourche se continue en une masse serrée d'îles grandes et petites formant un archipel au travers duquel le marin anglais a successivement reconnu deux passages qui doivent abréger considérablement la navigation d'Australie en Chine. La pointe nord de la fourche est en relation avec la plus méridionale des îles d'Entrecasteaux, dont M. Moresby a tracé tous les contours vers l'ouest, en même temps qu'il relevait la côte de la grande terre jusqu'au delà du 7° degré.

L'œuvre de M. Moresby, que la Société géographique de Londres n'avait fait qu'en partie connaître[1], renferme bien d'autres découvertes dans le détail desquelles il ne nous est pas possible d'entrer aujourd'hui. Elle a obtenu dans le monde scientifique un véritable succès. Ses textes ont été l'objet de nombreux commentaires très généralement favorables, et ses cartes reproduites dans quelques-uns des recueils spéciaux les plus répandus[2] sont déjà devenues presque classiques.

1. Capt. J. Moresby, *Recent Discoveries at the Eastern End of New-Guinea* (Journ. of the Roy. Geogr. Soc., vol. XLIV, p. 1, 1874). — *Discoveries in Eastern New-Guinea by captain Moresby and the officers of H. M. S. Basilisk. Ibid.*, vol. XLV, p. 153, 1875.)

2. *Ocean Highways. The Geographical Review*, décembre 1873. — *Petermann's Mittheilungen*, t. XX, taf. 5, 1874 — Etc.

A se placer exclusivement au point de vue *actuel*, comme ont fait tous les critiques qui se sont occupés des campagnes de M. Moresby, les éloges presque unanimement décernés au commandant du *Basilisk* ne semblent pas exagérés. Mais à prendre les choses au point de vue du passé, l'expédition anglaise perd une certaine partie de son importance, car elle ne se montre plus, jusqu'à un certain point, aux yeux de l'historien, que comme ayant élargi et perfectionné à l'aide de toutes les ressources de la science nautique moderne, des découvertes commencées il y a plus de deux siècles dans des conditions bien autrement difficiles et oubliées, il faut bien l'avouer, presque aussi rapidement qu'elles avaient été faites.

M. Moresby, qui a comparé attentivement les résultats de ses opérations avec ceux qu'avaient obtenus ses devanciers immédiats, ne s'est point occupé des voyageurs en Nouvelle-Guinée antérieurs à Bougainville et à d'Entrecasteaux. L'un de ces vieux marins, Espagnol de nation, avait pourtant pénétré longtemps auparavant dans les eaux qu'a sillonnées le *Basilisk* en 1873 et 1874.

Sur une ancienne carte d'Asie que je mets sous les yeux de mes collègues, la Nouvelle-Guinée, entièrement tracée, quoique d'une manière bien incorrecte, porte en effet, *jusqu'à ses extrémités les plus orientales*, une nomenclature fort chargée, d'origine presque exclusivement espagnole.

Cette carte, dont un extrait réduit aux deux-cinquièmes accompagne le présent mémoire, fait partie d'un atlas édité à Amsterdam en 1700 par Pierre Mortier[1] et intitulé :

1. *Suite du Neptune François ou Atlas nouveau des cartes marines levées par ordre exprès des Roys de Portugal sous qui on a fait la découverte de l'Afrique, etc., et données au public par les soins de feu M. d'Ablancourt, dans lequel on voit la description exacte de toutes les côtes du monde, du détroit de Gibraltar, de la mer Océane méridionale ou Ethiopienne, de la mer des Indes orientales et occidentales, etc. Où sont exactement marquées les routes qu'il faut tenir, les bancs de sables, rochers et brasses d'eau, et généralement tout ce qui*

Suite du Neptune françois, ou Atlas nouveau des cartes marines, etc., etc.

Frémont d'Ablancourt avait recueilli la plupart des matériaux de l'important ouvrage dont je viens de transcrire le titre, pendant son ambassade en Portugal. A sa mort, survenue en 1693 à La Haye, où la révocation de l'Édit de Nantes l'avait contraint à se réfugier, il avait légué ses documents à M. d'Hallewyn, qui les avait confiés à Pierre Mortier pour les donner au public [1].

L'éditeur en fit la base d'un second volume de son recueil aujourd'hui devenu très rare, en les fondant parfois, sans beaucoup de critique, avec d'autres documents qu'il possédait déjà. C'est ainsi que la feuille droite de la CARTE DES COSTES DE L'ASIE SUR L'OCÉAN montre une immense terre allongée presque directement de l'ouest à l'est, et dont la partie occidentale, dite *Terre des Papous* et teintée en vert, reproduit à peu près ce que l'on trouve sur les cartes publiées vers le même temps aux Pays-Bas, tandis que la partie orientale, teintée de jaune, faisant dans une large mesure double emploi avec la précédente, est couverte de noms espagnols, témoins de vieilles expéditions pour la plupart oubliées depuis longtemps et parmi lesquelles le voyage au sud-est, auquel j'ai déjà fait précédemment allusion, tient une large place.

C'est surtout à cette portion de la carte que doivent s'appliquer mes commentaires. Il me faut pourtant auparavant interpréter rapidement la moitié occidentale qui, sans offrir rien de bien remarquable, contient pourtant quelques indications utiles à signaler.

Une grande péninsule, d'une largeur à peu près égale dans toute son étendue et dirigée du nord-nord-ouest au sud-sud-est, à laquelle vient se souder vers sa base un long

concerne la navigation, le tout fait sur les observations et l'expérience des plus habiles ingénieurs et pilotes. Amsterdam, Pierre Mortier, 1700, f°.

1. Op. cit., f° 1.

promontoire régulièrement conique, tourné vers l'ouest-sud-
ouest, telle est la *Terra des Papous* de la carte de Pierre
Mortier. Ce sont presque exactement les formes que revêt
la Nouvelle-Guinée connue des Hollandais dans les cartes
de Martentz de Leeuw (1623), de Tasman (1644), de Jansson
(1652), etc. [1], et qu'elle conservera sans variation notable
jusque vers la fin du XVIII° siècle.

Les noms géographiques y sont pour la plupart écrits en
hollandais ou traduits de cette langue en latin et en français, et rappellent les voyages heureux ou malheureux des
navigateurs des Pays-Bas pendant le XVIIᵉ siècle. Ce sont de
droite à gauche, sur la côte nord, les vingt-cinq îles (25 *in-
sulæ*) vues par Schouten en 1616 et qui font partie de l'archipel de l'Amirauté [2]; une *terre haute*, le *Haut-Coin* de la
carte du même voyageur, le *Haut Mont* (*Hoóghe Bergh*) de
son texte [3], qui semble correspondre à une portion de la
côte voisine de la baie Kornelis Kinersz; *Moa* et *Arimoa*,
deux îles rencontrées par la même expédition [4], qui crut y
trouver la preuve de relations antérieures des indigènes
avec les Espagnols [5], et revues par Tasman dans ses deux
voyages de 1643 et 1644 [6]; l'*Ile de Guillaume Schouten*, qui
a pris le nom du célèbre navigateur qui l'a longée en 1616,

1. P. A Leupe, *De Reizen der Nederlanders naar Nieuw-Guinea en
de Papoesche Eilanden in de 17ᵉ en 18ᵉ eeuw* (*Bijdragen tot de Taal-
Land-en Volkekunde van Nederlandsch Indie*. 3ᵉ Volgr. D. X 1875, in-8°
taf 2). — R. H. Major, *Early voyages to Terra Australis now called
Australia*, London, Hakluyt Society, 1859, in-8°, p. xcvii. — *Cinquiesme
partie du grand Atlas*. Amstelodami apud Joannem Janssonium, 1652,
in-f°. — etc.

2. JOURNAL *ou relation exacte du voyage de Guill. de Schouten dans
les Indes par un nouveau destroit et par les grandes Mers Australes
qu'il a descouvertes vers le Pôle Antarctique*. Paris, 1618, in-12, p. 180-
181. — Cf. *Miroir oost and west Indical*. Amsterdam, 1621, in-4°.

3. *Ibid.*, p. 183.

4. *Ibid.*, p. 190.

5. *Ibid.*, p. 195.

6. J. Burney, *A Chronological History of the Discoveries in the
South Sea or Pacific Ocean*. Vol. III, p. 100, 1813, in-4°. — Major, *op.
cit.*, p. 96 et pl.

et dont Mysore est le vocable indigène[1]; enfin, un *cap de Goedehoop* (Bonne-Espérance), mal placé par Mortier, mais qui est bien certainement celui que Tasman a ainsi dénommé, sous la latitude la plus septentrionale de la péninsule nord-ouest, où l'on peut encore lire son nom, et qu'il ne faut point confondre avec le Goedehoop de Schouten[2], aujourd'hui cap Saavedra, qui forme la pointe occidentale du groupe de Mysore[3].

A la côte sud-ouest nous rencontrons au pied du *Sneeberg*, *die Sneeüw Berch* de la carte de Martentz de Leuw[4], *Sneeuw Gebergte* des cartes modernes, un lieu dit *Dodthlagers* pour *Doodslagers*, meurtriers, appelé ainsi, sans aucun doute, en souvenir de l'assassinat de Carstens et de ses huit compagnons (1623). On sait, par les instructions données à Tasman en 1644[5], que le théâtre de cet horrible drame gît par le 5ᵉ degré; la carte du voyage de Carstens l'appelle *Dootslagers Rivier*[6] et place le cours d'eau de ce nom dans un point qui paraît correspondre à l'Outanata.

Retournée, un peu au sud, paraît être une mauvaise leçon de *retournée*, traduite du Keerweer hollandais[7] qu'on lit

---

1. On donne aujourd'hui le nom d'îles de Schouten à l'ensemble des îles qui ferment au nord la grande baie du Geelvink, et qui comprennent le groupe de Mysore (Saok, Biak, etc.), Mafor, Misuomin, Jobie et Koeroedoo.

2. Schouten, *Ed. cit.*, p. 200. — Cf. Tasman, trad. de Burney, vol. III, p. 107 et n.

3. Un point tout voisin de celui qu'on appelle le cap de Goede Hoop s'appelle sur la carte que j'interprète *cap Désiré*; nous verrons plus loin qu'il traduit un terme de la nomenclature des anciens Espagnols.

4 Leupe, *loc. cit.*

5. *Instructions for the commodore captain Abel Ianss Tasman*, etc. (*Extract from the book of dispatches from Batavia, etc.*, trad. angl. de Major., *op. cit.*, p. 45-46).

6. Leupe, *op. cit.*, p. 5.

7. Il ne faut pas confondre ce Keerweer, qui figure habituellement sur les cartes hollandaises du XVIIᵉ siècle avec celui du voyage du *Duyfken* (1606). Ce dernier est placé vers 13° 3/4 par les instructions données à Tasman par la compagnie des Indes, mais les anciens géographes hollandais n'en font jamais mention, et d'ailleurs à la latitude correspondante on ne trouve point de saillie remarquable de la côte.

un peu à gauche sous la forme *Keerer*, et qui se montre pour la première fois dans la carte déjà citée des voyages de Carstens, où il désigne une rivière débouchant à la mer vers le 7ᵉ degré [1].

Le *Valsche Cap*, cap Valsche des cartes modernes, dépassé par le *Pera* en 1623 (*die Valsse Caep* de Leeuw), est signalé comme un repère important dans les instructions de Tasman [2] et figure assez bien dessiné sur la carte de l'*Arcano del Mare* de 1647 publié par Dudley. Enfin Vlermoy, pour *Vleérmuis*, chauve-souris ou *Chausouris*, comme traduit notre cartographe, est la plus grande des îles longues et étroites rangées contre la côte sud. C'est le *Vleermuysen eylant* de Martentz de Leeuw que quelques géographes ont traduit plus tard sous la forme de *Vespertilio* [3].

Au milieu de toute cette nomenclature prise aux géographes des Pays-Bas, deux mots se détachent, en langue portugaise, *os Papuas*, placés évidemment au voisinage de l'île Guillaume Schouten, pour rappeler le séjour dans cette contrée des compagnons de Ménesès. Barros [4] a conservé le souvenir de l'expédition de cet officier portugais qui, entraîné par les courants et complètement égaré dans sa route en allant de Malacca aux Moluques, en 1526, vint aborder à deux cents lieues au delà de cet archipel, chez un peuple

Tout cela doit laisser planer des doutes sur l'étendue de la navigation de Willem Iansz sur le *Duyfken*, et sur l'authenticité de la découverte du continent Australien qu'on lui attribue habituellement.

1. Ce pourrait être l'entrée nord du détroit de la Princesse Marianne, que Kolff considérait encore en 1826 comme l'embouchure du grand fleuve, auquel il imposait le nom de son navire le *Dourga* (Kolff, *Voyages of the Dutch Brig of war* Dourga, *etc.*, trad. angl. de G. W. Earl. London, 1840, in-8°, p. 322-323.

2. *Trad. cit.*, p. 49.

3. On voit encore au sud, en tête de ce qui sera plus tard le détroit de Torrès, un *C. Seche*, le cap Sec de Delisle, cap stérile si l'on préfère, dont le nom s'applique admirablement au site qu'il désigne, tel qu'on le connaît aujourd'hui, mais qui ne rappelle rien de bien spécial, au point de vue historique.

4. G. de Barros, *L'Asia*, Decad. IV. lib. I, c. XVI.

nommé *Papuas*, dans une île de *Versija*, qui me parait correspondre assez bien à Waigiou. Le pilote portugais Francisco Rodriguez, qui était aux Moluques à la même époque (1524-1530), avait consigné la découverte inopinée faite par Jorge de Ménesès dans son portulan publié par Santarem[1], où l'on voit sur le fragment n° 20 une *ilha de Papoia* assez curieusement dessinée[2].

Les Portugais furent suivis de très près à la côte nord de Papouasie par leurs rivaux les Espagnols. Saavedra en 1528 et 1529, Grijalva et Alvarado en 1537, Yñigo Ortiz de Retes en 1545 visitèrent la plus grande partie des rivages sepentrionaux de la Nouvelle-Guinée. Malheureusement les relations originales de ces quatre navigations n'ont jamais été publiées, si tant est qu'elles existent, et nous ne connaissons les découvertes qu'elles ont procurées que d'une façon très sommaire, et par des récits trop souvent contradictoires.

Saavedra, parti le 3 juin 1628 de Tidore, avait rencontré dans l'est, à une distance qu'il estimait de 250 lieues, une côte peuplée de noirs à la chevelure laineuse, qu'il avait suivie pendant une centaine de lieues, jusqu'à une île où les naturels étaient venus l'assaillir à coups de flèches: Croyant,

---

1. Vicomte de Santarem, *Atlas composé de mappemondes, de portulans et de cartes hydrographiques et historiques depuis le VI° jusqu'au XVII° siècle, pour la plupart inédites, etc.* Paris, 1812-1849, in-f°.

2. Linschoten, dans une des cartes de ses navigations aux Indes orientales, figurait encore une terre en forme de carré long, portant l'inscription *Os Papuas*, au-dessus de laquelle on voyait deux groupes d'îles. C'étaient au N.-O. une île d'*Agoada*, que nous retrouverons tout à l'heure, et les îles *dos Graos*, ainsi nommées par Ménesès (Bufu dont je fais Fow, petite île à la côte S.-O. de Guébé, et Menusu, déformation du nom du marin portugais, qui doit être Guébé lui-même); au N.-E. d'autres îles, désignées encore par le mot *Os Papuas*, puis des îles sans nom, enfin assez loin vers l'orient une *Nova Guinea* dont le premier cap occidental s'appelait de *Buen deseo*. Au voisinage des mots *Os Papuas* on lisait la phrase latine : « *Hic hibernavit Georgius de Meneses* » (*Histoire de la navigation de Jean Hugues de Linschot, Hollandois, aux Indes orientales*, 2° édit., Amsterdam, 1619, in-4°. — La 1re édition est de 1596).

on ne sait sur quels indices, que ce pays abondait en or, désireux en tout cas de donner quelque prix à sa découverte, Saavedra lui avait imposé le beau nom de *Isla del Oro*, l'*Ile de l'or*, qui n'a laissé d'ailleurs aucune trace sur les cartes. Le peu que l'on sait de l'ethnographie des insulaires vus par Saavedra[1] permet d'assurer que c'est dans le nord-ouest de la Papouasie que les Espagnols abordèrent pendant ce premier voyage[2]. Ils suivirent exactement la même route l'année suivante jusqu'à l'île où ils avaient été précédemment attaqués, puis se dirigèrent dans l'est-nord-est, n'ajoutant par conséquent aucun fait nouveau à ceux qu'ils avaient recueillis en 1528[3].

Le récit de l'entreprise de Hernando de Grijalva en 1537 est encore plus vague que ceux qui concernent ses deux prédécesseurs, et les contradictions sont bien plus mani-

1. Il est question, en effet, d'épées *de fer* et d'autres armes du même métal trouvées aux mains des noirs, ce qui ne devait être exact, surtout à cette époque, que pour l'extrémité occidentale de la Nouvelle-Guinée.

2. Herrera mène son héros, après cette exploration 250 lieues plus loin, probablement vers le nord, chez des hommes blancs et barbus; c'est sans doute à la suite de ce voyage que les îles *Barbuda* et de *Hombres-blancos* ont paru sur les cartes, où nous les trouverons tout à l'heure. Repoussé par les vents contraires, le navire de Saavedra rentre enfin en octobre par le N.-O. se réparer aux Moluques.

3. Galvão attribue à Saavedra, dans ce second voyage, sans aucun détail du reste, la découverte de 500 lieues de côtes « saines et de bon ancrage » au pays des Papouas. Il serait bien étonnant, si cette découverte avait été alors accomplie, que Herrera n'en ait pas été instruit, lui qui composait son récit « avec les papiers originaux et les actes publics qui pouvaient jeter quelques lumières sur l'objet de ses recherches ». Galvão était presque un contemporain sans doute, mais il était Portugais, et quoique sa position de gouverneur des Moluques lui ait permis d'observer assez bien les agissements des Espagnols dans le Pacifique, il pourrait bien avoir involontairement beaucoup trop étendu le champ des découvertes de Saavedra. Galvão défend avec énergie les droits de ce navigateur, lorsqu'il raconte brièvement l'expédition d'Ortiz dans les mêmes parages. (*Tratado que compôs o nobre et notauel capitão Antonio Galvão dos diversos et desuayrados caminhos por onde nos tempos passados a pimenta et especearia da India*, etc., éd. Hakluyt Society, London, 1862, in-8°, p. 238-239.)

festes entre les différents écrivains qui s'en sont occupés.
Tout ce qu'on en peut tirer de positif au point de vue historique se résume dans la découverte d'une île voisine de la
côte des Papouas, appelée *isla de los Crespos*, à cause des
cheveux crépus des nègres qui l'habitent, et au voisinage de
laquelle une sanglante tragédie, dont l'assassinat de Grijalva
fut le principal épisode, vint mettre fin à l'expédition[1].

Nous possédons fort heureusement des renseignements
plus circonstanciés, quoique beaucoup trop sommaires encore, sur le voyage d'Yñigo Ortiz de Retes, le plus important des anciens voyages espagnols dans ces mers et qui
valut à son chef la réputation de véritable découvreur de la
Nouvelle-Guinée[2].

Après une première tentative infructueuse pour retourner
à la Nouvelle-Espagne, l'un des navires de la flotte de Villa-
lobos, le *San Juan*, s'était mis de nouveau en route en mai
1545, commandé cette fois par Yñigo Ortiz de Retes et con-
duit par le pilote Gaspar Rico[3]. Les Espagnols, que les difficultés rencontrées par Saavedra et Bernardo della Torre
dans la même saison, pour franchir le Pacifique Equatorial,
n'avaient point encore suffisamment éclairé sur le régime
des vents dans ces parages, parvenaient au milieu de juin
seulement dans les eaux de la Nouvelle-Guinée.

Voici à peu près en quels termes Herrera[4] résume les

1. Voir dans Burney (*op. cit.*, vol. I, p. 181, etc.) le résumé de l'histoire de cette expédition et la comparaison que ce savant et habile critique institue entre les récits de Herrera, de Coutos et de Galvão. On
sait que quelques-uns seulement des survivants parvinrent aux Moluques.

2 Le titre du manuscrit original où est racontée l'expédition de Mendaña aux îles Salomon en 1567, manuscrit que j'ai retrouvé à la Bibliothèque nationale, porte en effet : *Relacion breve de lo suscedido en el
viaje que hizo Alvaro de Mendaña en la demanda de la Nueva Guinea,
laqual ya estava descubierta por Iñigo Ortiz de Retes que fue con Vil-
lalobos de la tierra de la Nueva España, en el año de 1541.* — Cf. Galvão, *éd. cit.*, p. 238-239.

3. Galvão, *éd. cit.*, p. 238.

4. Herrera, *op. cit.*, dec. VII, lib. V, c. 9.

documents officiels concernant cette partie de l'itinéraire d'Ortiz.

« Le mardi 16 de ce mois, on arriva en vue d'un groupe d'îles d'où sortirent de nombreuses praos pour attaquer le navire à coups de flèches : dans ces îles s'était perdu quelque temps auparavant un navire du marquis del Valle[1], dont le capitaine était Grijalva, que ses matelots assassinèrent... Passé ces îles, on en vit une autre fort grande et de belle apparence (*de hermoso parecer*) et on la côtoya pendant 230 lieues par la bande du Nord, sans pouvoir en voir la fin.

» Le mercredi 17 [juin] le soleil se trouvait par deux degrés à la bande du sud, aux abords de la grande île ; vingt hommes y descendirent faire de l'eau et du bois, et lui donnèrent le nom de Nouvelle-Guinée ; la race qui l'habite est aussi noire que celle de la Guinée : c'est d'ailleurs une belle race.

» On s'arrêta treize jours dans une autre île de peu d'étendue ; le mauvais temps et les courants ne permettaient pas d'en sortir. On en partit avec un vent frais de nord-ouest, en perdant de vue la grande terre. Mais, le vendredi 10 juillet, une brise s'éleva, qui fit reculer le navire de 40 lieues. On se rapprocha de la grande terre. Le mercredi 15, le navire marchant paisiblement, de nombreuses praos s'approchèrent et commencèrent à lancer des flèches, il fallut tirer un coup de coulevrine pour disperser les agresseurs. Le mardi 21, le soleil se trouvait par 3° à l'approche de quatre îles que l'on nomma *îles de la Madeleine*. On en découvrit cinq autres dans l'est. Le mardi 28, le vent tomba et l'on fit un nouveau détour vers la grande île en courant au sud-est et au sud. Le mercredi, le vent tourna au sud ; mais au lieu de céder on alla mouiller près d'une île qu'on nomma *la Caimana*, où l'on demeura paisiblement jusqu'à la fin du mois. Le vent devint de nouveau favorable le samedi

1. Cortès.

1ᵉʳ août, mais il ne tarda pas à tomber, pour prendre ensuite d'heure en heure une nouvelle direction. Mercredi
12 août, on aborda une autre île dans une baie à l'abri de
la brise ; mais au sortir de ce port les courants déroutèrent
de nouveau le navire d'une quarantaine de lieues... »

En présence de toutes ces difficultés, le capitaine réunit
en conseil ses pilotes et mariniers. On marcha vers le nord,
mais le vent repoussait le navire, et le 19 août on se trouvait par 1° 1/4 sud en vue de deux îles basses, dont partaient
de nombreuses praos pour attaquer le navire. « La race de
ces îles est blanche[1], bien faite et belliqueuse. » Un nouveau
conseil se tient le 26. On renonce à lutter contre les élé-
ments et l'on rentre le samedi 3 octobre à Tidore en passant
par les îles de Mo[2].

II

C'est à la description des régions découvertes dans le
cours de ces quatre voyages, et à celle de la côte sud-est,
dont je parlerai plus tard, qu'est consacrée la portion orientale de la carte du *Neptune* qu'il me reste à faire connaître.

Cette partie des terres néo-guinéennes, teintée en jaune,
comme je l'ai déjà dit, et couverte de noms pour la plupart
espagnols, se soude à la portion occidentale d'une manière
assez singulière. Ne sachant vraisemblablement comment
fondre les documents d'origine très différente qu'il avait
en mains, Mortier prit le parti d'ajouter à l'extrémité est
de sa terre des Papous construite à la hollandaise, les

1. C'est ici le lieu de rappeler cette réflexion de Burney commentant
les récits des premiers voyageurs dans le Pacifique : « Un teint de cuivre
clair est, dit-il, fréquemment qualifié de blanc par les voyageurs espagnols et portugais dans le but de distinguer les Indiens de cette couleur
de ceux qui sont noirs et laineux ; quelques-unes des îles de cette mer
sont nommées dans les cartes *Yslas de Hombres Blancos*, c'est-à-dire
îles des hommes blancs, et d'autres *Yslas de Crespos*. » (*Op. cit.*, vol. I,
p. 152, n.)
2. Moro ou Morotaï, au nord-est de Gilolo.

lignes de côtes dont d'autres cartes déjà parues et les
papiers de d'Ablancourt lui signalaient l'existence. Mais,
tout en alignant ainsi ces contrées l'une au bout de l'autre,
il ne voulut point prendre sur lui de les fusionner complé-
tement, si bien qu'un trait noir, épais et flexueux, tout
semblable à ceux qui délimitent les côtes sur la même carte
et dans le reste de l'Atlas, vint distinguer les deux terres
comme si un détroit les séparait, ou plutôt comme si la
carte jaune devait s'appliquer à titre de renseignement com-
plémentaire à côté de la carte peinte en vert, à la façon de
ces découpages coloriés que l'on emploie quelquefois dans
la confection des projets de travaux publics.

Cette ligne de démarcation, dont il n'existe pas d'autre
exemple dans toute la suite du *Neptune*, éveille aussitôt
l'attention de l'observateur. Au lieu de se laisser aller, à la
suite d'un examen superficiel, à prendre le relèvement des
terres, qu'il rencontre aussitôt en pénétrant dans le terri-
toire de droite, pour quelque chose d'analogue à celui qu'on
observe sur la carte moderne à l'orient de la grande baie
du Geelvink [1], il lit avec soin les noms des lieux que porte
cette partie de la carte, et y rencontre des doubles emplois
si frappants avec l'autre moitié que, malgré des différences
énormes de dessin, il est amené bien vite à considérer la
Nouvelle-Guinée de l'atlas de d'Ablancourt comme répétant

1. J'avais tout d'abord subi moi-même cette impression, en abor-
dant l'étude de la carte. Mais quelques instants de réflexion ont suffi
pour me ramener à des vues plus exactes. L'emplacement occupé par
la dépression entre les deux territoires distingués par Mortier, correspondrait en effet sur la carte hollandaise à la baie de Humboldt, au
delà des terres hautes du Koeramba, et non point à celle du Geelvink,
dont l'emplacement est indiqué dans la partie occidentale de notre carte
par l'île de Guillaume Schouten, qui est incontestablement Mysore,
située droit au nord de la baie. On sait d'ailleurs que le voyage du Geelvink, qui fit la découverte complète de ce golfe, n'eut lieu qu'en 1705, cinq ans
après la publication du *Neptune*, et que ce n'est qu'en 1790 que Fleurieu
assigna sur la carte la véritable place de la grande baie qui porte le
nom de ce navire. (*Découvertes des Français en 1768 et 1769 dans le
S.-E. de la Nouvelle-Guinée.* Paris, 1790, in-4°, p. 15.)

avec des particularités fort curieuses la *terre des Papous*, de la même carte, dont je viens d'interpréter les formes et la nomenclature.

Le premier mot qui se présente, en effet, à droite de la ligne de séparation, est *Hoek van Goede Hoop*, pointe de Bonne-Espérance, ce même promontoire dont nous avons lu le nom inscrit presqu'au plus haut de notre carte de gauche. Le cap de Bon-Désir, *de Bueno Deseo*, écrit par ignorance *de Buena Dafeo*, remplace le *cap Désiré* de l'angle occidental. Une île *de los Crespos* occupe la position de l'île Schouten. Plus loin, à la distance convenable, figure de nouveau l'île Moa, et tout au bout, dans l'est, une île *Boliones*[1] vient prendre la place du Vulcanus ou Brandende borch de Schouten, omis par Mortier dans ses emprunts au grand voyageur, mais dont on sait la place au sud des vingt-cinq îles[2], représentées ici par un groupe moins nombreux, mais dont l'identification partielle ne souffre point toutefois de difficultés sérieuses.

C'est donc bien une nouvelle édition de la partie verte de la carte que reproduit la partie jaune, mais avec des contours profondément différents. Autant les côtes dessinées par les Hollandais se présentaient droites et régulières dans leurs allures générales, autant les levers d'origine espagnole sont tourmentés et sinueux. Il est même assez malaisé de se retrouver au milieu de tant de promontoires et de tant de baies aux profils anguleux. Si, par exemple, au delà des pointes Goodehoop et Struis, l'anse innominée qui se creuse à l'ouest du *Bueno Deseo*, ce cap lui-même et la grande baie qui suit avec un port rappellent la petite baie du Geelvink, le cap Mamori et le havre Doréi des cartes actuelles, la convexité demi-circulaire en arrière de Crespos est déjà plus difficile à interpréter, et les deux promontoires à l'orient de cette même île ne peuvent se justifier

<hr>

1. Mauvaise leçon de Volcanos.
2. Voir plus haut, p. 15.

que par un double emploi dû, je suppose, à la combinaison de deux tracés d'origine différente.

Nous avons heureusement pour nous guider au milieu de ces difficultés une description d'une certaine étendue, publiée en 1601 par Herrera[1], et dans laquelle la meilleure partie des noms de la moitié droite de la carte de 1700 vont se représenter de l'ouest à l'est aux distances voulues et dans un ordre naturel.

La première localité mentionnée par Herrera est la *prima* ou *primera tierra*; ce doit être ce cap Goodehoop dont nous avons parlé plus haut et qui a toujours joué un rôle si important dans les navigations au nord de la Nouvelle-Guinée. La *primera tierra* était déjà inscrite dans la carte d'Ortelius de 1589[2]. Plancius et Linschoten ont substitué, en 1594 et 1596[3], à cette appellation celle de C. de Bueno Deseo, qui avait depuis longtemps disparu quand d'Ablancourt et Mortier l'ont fait revivre sous la forme corrompue de *Buena Dafeo*, en maintenant à gauche le *Goodehoop* de Tasman et en intercalant encore entre les deux un certain cap Struis (*Struishoek*), *cap des Autruches*, qui serait peut-être un nom donné à l'un des promontoires de la péninsule nord-ouest par l'expédition Grijalva. Nous lisons, en effet, dans un des fragments de récits recueillis par Galvão[4], que chez les Papouas « il existe un oiseau de la taille d'une grue, qui ne peut pas voler, parce qu'il n'a pas d'ailes assez fortes pour le vol, mais qui court comme un cerf ». Cette description, quelque insuffisante qu'elle puisse paraître, ne trouve à s'appliquer en somme qu'à un brévipenne, à une *autruche*,

---

1. Herrera, *op. cit.*, Decad. 1. Madrid, 1601, in-4, p. 77.

2. L'orthographe en est déformée par un lapsus de burin, au lieu de *tierra* on lit *lucra*.

Dans le *typus orbis* du même géographe, l'inscription *Prin* semble correspondre à la même désignation.

3. *Theatrum Orbis Terrarum Abrahi Ortelii.* Antverpiæ, 1612, f. — Linschoten, *loc. cit.*

4. Galvão, *éd. cit.*, p. 204.

comme on disait jadis d'une manière générale. Or, on sait que la Nouvelle-Guinée nourrit plusieurs espèces de casoars. Le nom de cap des Autruches aurait été imposé à la localité où les Espagnols avaient vu les oiseaux dont Galvão a parlé, d'après le récit des survivants de leur expédition.

Revenons au texte d'Herrera. Après la *primera tierra* vient dans son énumération *El Aguada, l'aiguade*, un port qu'il place à trente-cinq lieues à l'est de la première terre par 1° de latitude australe. C'est à peu près à cette distance du cap de Goodehoop, et sous une latitude qui ne diffère de celle d'Herrera que de moins de 10', que s'ouvre la petite baie du Geelvink. Ortelius est d'accord avec Herrera pour placer l'Aguada sur la côte septentrionale[1]. Linschoten en a fait une île, et notre carte a imité son exemple.

« Dix-huit lieues plus loin est le port de Santiago », continue Herrera; et il inscrit *S. tiago* à la droite d'*el Aguada*. Dans les mêmes parages, Plancius avait placé un *Buen Puerto*, et la carte de 1700 avait repris cette dénomination, en y ajoutant toutefois celle de *Puerto Primero*[2]. En contournant la côte à l'est de la petite baie du Geelvink, dépassant le cap, et tournant au sud, on arrive, à la distance indiquée par Herrera, au havre Doréi, auquel l'épithète de bon port s'applique fort justement. *Santiago* était le nom du navire de Saavedra, et l'on s'explique dès lors très facilement que ce nom ait été donné au principal port de la côte visitée par les Espagnols en 1528 et 1529.

C'est la dernière mention géographique que l'on puisse à peu près sûrement rattacher aux voyages de ce navigateur sur cette côte. Nous avons dit que de l'expédition de Gri-

---

1. Du moins lit-on ce mot sur la grande terre dans la carte d'Amérique de 1587. Dans celle de la mer du Sud (1589) une *ysla d'Agaoda*, figure rejetée bien loin vers le nord-ouest au delà de l'Équateur. Est-ce à un même lieu que s'appliquaient ces deux mentions si différentes?

2. Il n'y avait point de *primera tierra* sur cette carte, le *puerto primero* ne serait-il pas venu ici par un de ces changements d'affectation si communs dans les cartes des deux derniers siècles?

jalva il n'était resté dans la nomenclature d'autre souvenir que le nom d'*isla de los Crespos* et que cette île correspond sur la carte de 1700 à l'île de Guillaume Schouten et par conséquent au groupe actuel de Mysore. La description d'Herrera place bien Crespos dans la situation qu'occupent les îles Soök et Biak sur les cartes modernes, mais les dimensions qu'elle lui donne, « seize bonnes lieues » seulement, semblent montrer qu'elle ne s'applique qu'à une seule de ces îles, toutes deux d'ailleurs de longueur à peu près égale et atteignant fort approximativement les dimensions assignées par Herrera. Or comme dans la mappemonde de Mercator de 1569, deux îles figurent dans ces parages et que le nom de *Y. de Crespos* y est donné à la plus orientale, il y a tout lieu de supposer que c'est Biak que Grijalva, puis Ortiz, ont visitée. Soök serait alors l'*Y. de los Martyres*, ainsi que Mercator nomme l'île occidentale du groupe qu'il a tracé, et devrait peut-être ce nom à l'assassinat du malheureux Grijalva et de ses officiers par un équipage révolté[1].

« L'*isla de los Crespos* est voisine de la côte, dit Herrera, en face du *puerto de San Andres*, situé à quarante lieues de celui de Santiago » et qu'il faut par conséquent placer en un point de la côte nord de Jobie, que l'insuffisance des cartes actuelles ne permet pas encore de préciser. C'est sur cette côte, droit au sud de Crespos, que Plancius inscrit d'ailleurs le nom de S. Andres, la carte de Herrera le déplace un peu vers l'ouest, celle de d'Ablancourt très légè-

---

1. G. Mercator, *Nova Guinea quæ ab Andrea Corsali Florentino videtur dici Terra de Piccinacoli, Forte Labadii insula est Ptolemeo*, etc. (*Nova et aucta orbis terræ Descriptio* Duisburg, 1569 ; ap. Jomard, *Monuments de la géographie*, in-f°.)

Vaz Dourado (1570), Rumold Mercator (1587), Ortelius (1587 et 1589). Plancius (1594) ont tous, sur leurs cartes, une île des Martyrs : *I. de los Marfiles* ou *Martyres*. Mais peu à peu cette île se déplace vers le nord, et de toute voisine qu'elle était de l'*Y de Crespos* dans Mercator, elle devient dans d'Ablancourt presque subéquatoriale.

rement vers l'est, mais tout en traçant assez exactement les îles que l'on nomme aujourd'hui de leur nom indigène Pado Aido pour qu'on ne puisse douter de la position vraie à attribuer au port situé dans leur voisinage. Les Espagnols avaient certainement contourné par le sud le groupe de Mysore, mais en en longeant de fort près les côtes méridionales; prenant de loin pour la continuation de la terre ferme les côtes de Mafoor et de la longue île de Jobie, ils avaient tracé à l'est du havre Doréi la longue courbe irrégulièrement convexe, si remarquable dans la carte de 1700, et à laquelle nous avons déjà fait allusion plus haut.

A cinquante lieues environ à l'est du *puerto de San Andres*, à quatre-vingt-dix lieues espagnoles par conséquent de Santiago, Herrera place l'embouchure du *rio de San Agustin*, et l'*isleta de la Vallena* située en face. Ces quatre-vingt-dix lieues représentent avec assez d'exactitude la distance qui sépare Doréi de la bouche principale du grand fleuve Ambernoh et de la petite île basse de Koning Willems qui en couvre l'entrée. L'identification de ces localités est donc tout à fait acceptable. La rivière de Saint-Augustin figure sur toutes les anciennes cartes, depuis la mappemonde de Mercator de 1569, où elle est le seul cours d'eau représenté en Nouvelle-Guinée, jusqu'à la carte de 1700, où elle se trouve rejetée beaucoup trop loin vers l'orient. *La Vallena*, sous les formes *Balena* ou *Ballena*, entre dans la nomenclature avec les cartes d'Ortelius de 1587 et 1589, et nous la retrouvons dans le *Neptune* avec l'ortographe défigurée de *Balbena*.

Deux autres rivières sont mentionnées par Herrera au voisinage de celle de Saint-Augustin et doivent être aujourd'hui considérées comme des bouches secondaires de l'Ambernoh, dont le vaste delta occupe, comme on sait, sur la côte plus d'un degré et demi d'étendue. Ce sont le *rio de las Virgines* à l'ouest; à l'est le *rio de San Pedro y San Pablo* avec un port de *San Geronimo*. Le premier de ces noms se rencontre déjà sur le portulan de Vaz Dourado de 1570, le deuxième a été pour la première fois employé par Plancius (1594) sous la forme *S. Petro*, le troisième enfin se lit *S. Ieronimo* dans la carte d'Ortelius de 1587.

C'est par un de ces changements d'affectation trop fréquents dans la cartographie des derniers siècles que la rivière des Vierges est devenue dans notre carte de 1700 un cap qui occupe à l'est de S. Andres la place de l'estuaire de l'Ambernoh. Le vaste promontoire qui prolonge vers le nord le cours inférieur de ce fleuve, appelé de nos jours cap Ambernoh ou cap d'Urville, n'a point de nom chez les géographes avant les expéditions françaises de ce siècle. Il pourrait bien se faire néanmoins que l'épithète de *Hermoso* donnée par Ortelius à un cap qu'il place sur trois de ses cartes dans l'ouest de sa *Nova Guinea*, dût trouver vers l'Ambernoh sa véritable position. Que l'on se reporte en effet à la relation d'Ortiz, que nous avons plus haut résumée, et l'on y constatera qu'après avoir dépassé Crespos, il prenait connaissance de la côte de la grande île par 2° latitude sud, en un point qui ne peut correspondre qu'aux embouchures de l'Ambernoh, et qu'il qualifiait de *Hermoso perecer*.

Notre carte de 1700, quelque intérêt qu'elle offre au point de vue historique, est bien loin d'être un modèle d'exactitude en ce qui concerne les parages dans lesquels nous nous sommes aventurés à la suite des premiers navigateurs espagnols. Nous venons d'y relever de notables erreurs topographiques, comme le déplacement de l'*Aguada* et de *los Martiles* ou la substitution du terme cap à celui de rivière en ce qui concerne le lieu dit de *las Virgines*. Nous voyons encore un peu plus loin son auteur attribuer l'épithète de rivière au port de San Hieronimo et transporter en même temps bien loin dans l'ouest du rio de San Agustin, ce rio de S. Paulo dont Herrera avait cependant fixé la place en deçà de ce cours d'eau. Toute cette partie de la côte est d'ailleurs presque méconnaissable; comme dans les cartes d'Ortelius et de Herrera la région de l'Ambernoh s'y trouve dédoublée, les rivières s'intervertissent, et l'on n'a plus de point de repère sérieux qu'un peu à droite dans le nom de Moa. Cette île fait défaut à la nomenclature de Herrera; mais Ortelius l'enregistrait dans ses listes dès 1587 sous la forme Maoo, et Plancius en 1594 sous celle de Moo. Elle correspond sans aucun doute à cette île Moa où Schouten, en 1616, trouvait, nous l'avons déjà dit, des traces de relations antérieures avec les Espagnols. « Nous vismes ici, dit la relation publiée à Paris en 1618, de grands pots, lesquels, comme il nous sembla, estoyent venus des Espagnols. » Le rédacteur ajoute d'ailleurs que « ce peuple n'estoit pas si fort esmerveillé ny estonné de voir les navires, comme tous les peuples précédents avoient été », et qu'il parlait même aux Hollandais « de tirer du canon. »

L'Y. *de Arimo* de Mercator, *de Armo* de Vaz Dourado, l'île *Darimo* d'Ortelius [1] dont d'Ablancourt et Mortier ont négligé d'inscrire le nom, tout en indiquant sa place à côté de Moa, répond de même à l'île d'Arimoa des Hollandais du XVIIe siècle et des géographes modernes.

Étaient-ce les compagnons d'Ortiz qui avaient apporté dans ce petit archipel les vases espagnols mentionnés par Schouten? L'existence sur un certain nombre de cartes de la fin du XVIe siècle d'une île *de Arti*, placée à l'est de la grande rivière vers Darimo dès 1569 par Mercator et correspondant à peu près à Moa, nous porterait à répondre par l'affirmative. Cette appellation semble, en effet, ne pouvoir s'expliquer que par une déformation légère du nom du chef de l'expédition de 1545. C'est *isla de Ortiz* qu'il faudrait lire, et non de Arti, Doarti, Duarati, de Artz, ainsi que l'ont écrit les cartographes.

« Quarante lieues au-delà de Saint-Augustin » Herrera

―――――――――

[1]. Transformée en *Isola de humo* dans sa carte de 1589.

place un cap dit *Punta Salida*, et un petit îlot appelé de *Buena Paz*. La pointe du massif des monts Gautier et l'une des petites îles qui terminent à l'est le groupe auquel je voudrais voir donner le nom d'*Iles d'Ortiz* répondent volontiers à ces indications[1]. « Plus loin, ajoute l'historien espagnol, sont deux petites îles, *Abrigo* et *Malagente*, et la *bahia de San Nicolas*, distante de cinquante lieues de Punta Salida. Il est permis de supposer que l'*isla del Abrigo* est celle où Ortiz s'arrêta treize jours comme nous l'avons dit, en attendant les vents favorables; tandis que l'*isla de Malagente*, île du Mauvais-Peuple, occuperait ce point de la côte, où nous voyons le navire espagnol attaqué à coups de flèches, sans la moindre provocation, par de nombreuses barques indigènes. L'Abrigo est marqué dans l'*Asia* d'Ortelius, où le géographe de 1700 l'est sans doute allé prendre. Malagente, successivement écrit Malagète, Malagrate, et même Motegate, figure sur toutes les cartes depuis Mercator et Vaz Dourado. Le texte d'Herrera manque de précision en ce qui concerne l'emplacement à assigner à ces deux terres. On ne saurait dire par conséquent si ce sont les îles les plus orientales de l'archipel dont nous venons de parler, ou si l'une d'elles au moins, *el Abrigo*, ne répond point à Pamaris, la moins petite des îles de la baie de Humboldt. Cette dernière, en tous cas, répondrait bien comme situation à la *bahia de S. Nicolas*, à 50 lieues dans l'est de Punta Salida. Nous ne trouvons point S. Nicolas mentionné sur notre carte, mais le *R. Siculas* d'Ortelius en était déjà sans doute en 1589 une déformation.

1. Cet archipel s'étend en face de la côte néo-guinéenne tout le long du massif des monts Gautier. Il comprend de l'ouest à l'est les îles Kooramba ou Arimoa, Moa, Arimoa et Insou des anciens Hollandais; Tabie, la Moa de d'Urville; Samit, qui correspond à Duperrey; Bongka à Tastu, Padiema à Mérat, Soerabi et une autre Tabie aux îles Larenaudière, Ækedeh à Lesson; Merkus n'a point d'appellation indigène connue. Ce sont ces quatorze ou quinze petites îles qui n'ont pas de nom collectif que je propose d'appeler toutes ensemble *îles d'Ortiz*.

Si la baie de S. Nicolas n'est inscrite sur aucun point des cartes de la Nouvelle-Guinée de d'Ablancourt, Punta Salida y devient un port, *puerto Salida*, couvert par une île qui a nom *Gasparico*. Dans Plancius, Gasparico était un nom de port, et dans Ortelius, Gaspar Ricuir désignait une rivière. Il est aisé de retrouver dans ces trois appellations un nouveau souvenir du voyage d'Iñigo Ortiz dont le pilote s'appelait Gaspar Rico, comme nous l'apprend Galvão.

Cette île de Gaspar Rico fait-elle partie des îles d'Ortiz dont il vient d'être question, ou de ce groupe de la Madeleine découvert le 21 juillet 1545[1], et dont la carte de 1700 fait seule mention parmi les anciennes cartes de la Nouvelle-Guinée? Il n'est guère possible de résoudre cette question avec des renseignements aussi vagues que ceux que nous possédons. Ces îles de la Madeleine, gisant par 3° de latitude et que les îles Bertrand, Guilbert, d'Urville, Gressien représentent incontestablement aujourd'hui sont dites au nombre de quatre dans le récit espagnol, et l'une d'elles a fort bien pu prendre le nom du pilote-major de l'expédition.

Cependant, comme la carte de d'Ablancourt met l'île de Gasparico en face de son *Puerto Salida*, on en induirait peut-être, non sans quelque raison, que ce nom doit avoir appartenu à l'une des îles situées en face de la vraie *Punta Salida*, par conséquent à l'une ou à l'autre des îles du petit archipel d'Ortiz.

Au-delà des premières îles dites de la Madeleine, Ortiz en vit cinq autres. Cinq îles et même six se montrent en effet à l'est des quatre précédentes; ce sont les îles que l'on appelle depuis le voyage de l'*Astrolabe*, Roissy, Deblois, Jac-

<hr>

1. Ces îles et celles qui suivent vers l'orient sont souvent appelées *îles de W. Schouten*, de sorte que sur la même côte nord de la Nouvelle-Guinée on rencontre successivement deux archipels du même nom. Ne vaudrait-il pas beaucoup mieux, pour éviter toute confusion, rendre à cet archipel le nom d'*îles de la Madeleine* qu'Ortiz lui avait imposé en le découvrant en 1545?

quinot, Garnot, Lesson et Blosseville. Herrera, qui nous a conservé le récit de la découverte de tout ce groupe, n'en parle point pourtant dans sa description géographique. Tout ce qu'il dit d'ailleurs des côtes qu'il nous reste à parcourir est extrêmement vague. Sa *Buena Vaya*, *buena baya*, de Plancius, *buena bayo* de notre carte, non plus que sa *Natividad de Nuestra Señora*, dont le nom précédé du déterminatif *Ancon* se lit dans Ortelius, Plancius, d'Ablancourt, etc., n'ont plus de longitude relative. Au lieu d'attributions à peu près certaines, comme celles que permettait le calcul des distances approximatives qu'il nous fournissait, nous en sommes maintenant réduits à discuter des probabilités ou des vraisemblances.

L'*Ancon de la Natividad* fut, dit Herrera, le terme des découvertes espagnoles sur cette côte dont Ortiz « ne put pas voir la fin », *Caimana*, que nous trouvons inscrite dans les vieux atlas, sous les formes *Caymana, la Caymana, Lacaymana, Casimana, Carimana*, et enfin *Carimania*, et qu'Ortiz avait rencontrée en courant au sud-est et au sud, après avoir quitté les îles de la Madeleine, Caimana, disons-nous, doit être l'île Dampier[1]. Or cette île est mise par Herrera, dans sa description, presque au nord du havre de la Nativité, dont il faut par suite chercher la place au golfe de l'Astrolabe[2]. La *Buena Baya*, ouverte entre ce golfe et la baie de Humboldt, ne peut être dès lors que celle que les Hollandais ont plus tard appelé *baie Kornelis Kinersz* ou encore l'*anse des Eaux troubles* de d'Urville, au sud du cap *della Torre*. Ce dernier emplacement conviendrait même bien mieux si, comme le veut Herrera, il faut trouver en face une île que les Espagnols avaient nommée *la Madre de Dios*, inscrite sur la carte de d'Ablancourt, mais rejetée par l'auteur assez loin vers l'orient, et qui correspondrait

---

1. G. Schouten, éd. cit., p. 191 et carte.
2. Dumont d'Urville, *Voy. de l'Astrolabe. Hydrographie, Atlas.*

alors à l'île Aris de nos cartes modernes, vis-à-vis l'anse des Eaux troubles. Le *rio S. Lorenzo*, que l'on voit indiqué par Ortelius dans les mêmes parages, pourrait être la rivière dont les marins de l'*Astrolabe* ont entrevu l'existence au fond de cette anse, et comme les noms donnés à la rivière et à l'île se rapportent par leur date, sur le calendrier, avec l'époque de l'année pendant laquelle Ortiz s'avançait dans leur direction, on serait encore porté à attribuer leur découverte à ce navigateur. La Saint-Laurent tombe le 10 août, et la plus grande des fêtes en l'honneur de la *Madre de Dios*, la fête par excellence de la mère de Dieu, est celle du 15 août. Or Iñigo Ortiz, après être resté à l'ancre jusqu'à la fin de juillet, à l'abri de l'île Caimana, s'était décidé à reprendre sa route le 1er août, et, ballotté par les vents les plus variables, il venait, nous dit le résumé de Herrera, aborder le mercredi 12 à une autre île dans une baie protégée contre les vents.

Les motifs les plus divers ont toujours guidé les marins dans le choix des noms qu'ils imposaient aux localités inconnues qu'ils rencontraient sur leur route. L'aspect particulier des lieux et leurs qualités intrinsèques inspiraient aux Espagnols du xvie siècle des mots tels que *El Aguada, Punta Salida, El Abrigo*, etc., que nous venons de rencontrer. Les caractères physiques des habitants, leurs aptitudes spéciales, l'accueil qu'on en avait reçu suggéraient des appellations comme celles de *los crespos, hombres blancos, gente hermosa, barbudos, natadores, mala gente*, etc. On trouvait encore dans le souvenir de quelque épisode de la route, dans le nom du navire ou de son port d'attache, des termes variés pour la nomenclature. Parfois aussi la nouvelle terre prenait le nom de l'un des découvreurs, ou était consacrée, à la manière moderne, à quelque puissant personnage. Mais la ressource la plus habituelle pour ces désignations topographiques toujours renouvelées se tirait de l'almanach. Le nouveau lieu prenait le nom du saint du jour ou celui de la fête que célébrait l'Église, et c'est à cet usage, qui a fort longtemps persisté, que la géographie doit en grande partie ces litanies interminables dont les stances se déroulent à travers le Pacifique, de la Nouvelle-Espagne aux côtes orientales de l'Asie.

Ortiz agissait sans aucun doute comme ses contemporains et ses compatriotes. Le nom de la rivière de Saint-Pierre et de Saint-Paul, donné à l'une des branches orientales de l'Ambernoh, paraît bien coïncider avec la date du passage du navire espagnol dans ces parages à la fin du mois de juin. Nous savons d'une manière positive, par Herrera, que c'est parce qu'il a découvert les îles de la Madeleine le 2 juillet qu'Ortiz leur a imposé cette dénomination. Les fêtes de saint Laurent et de l'Assomption auraient fourni de même les appellations attribuées à la dernière île et à la dernière baie visitée du côté de l'est.

Aris est un peu au nord d'une île volcanique qui a attiré l'attention de tous les navigateurs modernes dans ces mers, l'île Volcanus ou Brandendeborch (la montagne brûlante) de Schouten. Avant de reprendre la route des Moluques, les Espagnols venus jusqu'à Aris ont dû nécessairement apercevoir cette montagne brûlante. Elle est d'ailleurs mentionnée dans toutes les vieilles cartes que nous avons si souvent consultées. Mercator la désigne par ces mots : *los volcanes*, que nous retrouvons sous les formes *volcanes*, *bolcanes*, *bolcanas*, *bulcanes*, *bullcones* et enfin *boliones*, de 1570 à 1700.

Herrera, en parlant de la Caymana, disait qu'elle gisait au milieu d'autres îles sans nom. Volcanes est une de ces îles ; j'en trouve deux autres sur la carte de d'Ablancourt. L'une s'y nomme *S. Iago* la Bedondida, que je corrige en *Redondita*, Santiago la Rondelette (?) ; elle n'est mentionnée nulle part dans les documents du XVIe siècle[1]. L'autre

1. Nous n'avons aucune observation à présenter au sujet de ce nom, non plus que sur la *baie Hermosa*, le *Cabo blanco*, le *Rio Baixo* que

est la *Barbuda*, la barbue, l'île des hommes barbus, Mercator, Dourado, Ortelius, Plancus, etc., l'ont inscrite, au contraire, d'une manière presque constante dans leurs mappemondes.

J'aurai terminé l'étude des lieux dits d'origine espagnole de la côte N.-E. de la Nouvelle-Guinée, quand j'aurai ajouté à tout ce qui précède quelques mots sur une autre île dont d'Ablancourt ne parle point, mais qui se rencontre fort souvent dans la nomenclature des géographes du XVIᵉ siècle. Cette île, dite de *Hombres blancos*, ou des hommes blancs, a été, comme une partie des autres terres que nous venons de parcourir rapidement, découverte par Iñigo Ortiz, mais, dans sa route de retour, par 1° 15′ de latitude méridionale[1]. Cette latitude est celle des îles de l'Échiquier, où le capitaine Edwin Redlick signalait en 1873 une population de couleur relativement claire, avec de longs cheveux lisses[2]. Les insulaires de ce type, d'origine probablement micronésienne, n'ont été signalés jusqu'ici qu'en trois points de la Papouasie, savoir : les îles de Saint-David ou Freewil de Carteret, les îles des Traîtres ou Paido Aido dans l'est du groupe de Schouten, quelques-unes, enfin, de ces îles de l'Échiquier, où nous allons prendre définitivement congé d'Ortiz rentrant péniblement aux Moluques après tant de belles découvertes, sans avoir pu réussir à procurer à ses compatriotes les secours urgents qu'ils attendaient d'Amérique, et qu'on l'avait envoyé demander pour eux au vice-roi.

mentionne Ortelius. Ces noms doivent faire double emploi avec ceux que nous avons examinés ci-dessus. La même carte datée de 1589 mentionne toutefois une île de S. Joan, toujours dans l'extrême est, qui pourrait avoir pris son nom de celui du navire que montaient Ortiz et Gaspar Rico.

1. Voir plus haut, p. 12.
2. E. Redlick, *A Cruise among the Cannibals*, trad. angl. in *Ocean highways*, 2ᵉ série, vol. I, december 1873.

III

L'Ancon de la Natividad était, avons-nous dit, sur la côte
nord-est de la Nouvelle-Guinée, le point extrême atteint par
les navigations espagnoles. Au delà de ce mouillage, la
carte de d'Ablancourt indique un vaste cap qui pourrait
représenter, après corrections, le cap du Roi Guillaume, à
l'est duquel nous ne trouvons plus qu'une ligne verticale
légèrement sinueuse, sans valeur géographique et n'ayant
d'autre objet que de relier d'une manière quelconque le
tracé de la côte nord-est que nous venons de longer à celui
de la côte sud-est dont nous allons maintenant aborder les
rivages. En bas, à droite de cette perpendiculaire, on re-
connaît sans peine les plus occidentales des îles Salomon,
qui ont gardé les formes qu'Herrera leur avait données. Isa-
belle est au-dessus, l'Isabella de Mendaña, au-dessous se
dessinent les côtes nord de San Nicolas, Arecifes et San
Marcos, visitées par Gallego et Ortega. Cette dernière est
appelée, nous ne savons d'après quel renseignement, *la
Vista de Texos*[1].

Une longue côte se présente ensuite, dirigée parallèlement
à la côte septentrionale, avec laquelle elle offre plus d'un
point de ressemblance, et bordée, comme celle-ci, d'un
certain nombre d'îles moyennes et petites. Huit noms, tous
espagnols, sont inscrits sur la grande terre ; six autres noms
écrits, sauf un, dans la même langue, se lisent auprès des
îles.

Aucune autre carte antérieure à 1767 ne représente rien
d'analogue. A cette date seulement, le célèbre géographe
anglais Dalrymple, qui venait de découvrir dans un mémoire écrit pour le roi d'Espagne Philippe III, par Jean Luis

---

1. Par un déplacement qui montre de la part du dessinateur une
grande négligence, S. Marcos devient à trois reprises, dans l'œuvre d'Ortelius, une localité de l'extrémité orientale de la Nouvelle-Guinée.

Arias [1], quelques lignes fort significatives sur une navigation espagnole faite en 1606 au sud de la Nouvelle-Guinée, esquissa grossièrement une côte méridionale qu'il faisait courir dans l'ouest en partant de la Guadalcanal des îles Solomon, et au-dessous de laquelle il inscrivait le nom de TORRÈS.

Figueroa, dès 1613, dans un passage de son *Histoire de Mendoza*, avait déjà brièvement parlé de ce voyage de Torrès, mais son texte [2] avait échappé à l'attention des géographes, et Baudrand, le seul savant peut-être qui en ait eu connaissance, était mort, sans avoir consigné dans le manuscrit de son dictionnaire l'extrait qu'il en avait préparé [3].

Luis Vaes de Torrès commandait l'almirante de la petite escadre partie le 21 décembre 1605 du Callao, sous les ordres de Quiros, pour aller à la recherche des terres australes. On sait par suite de quelles circonstances les Espagnols, après avoir découvert quelques îles polynésiennes, au lieu de gagner Santa Cruz, premier objectif du voyage, abordèrent le 1ᵉʳ mai 1606 dans la baie de Saint-Philippe et Saint-Jacques, au nord de Spiritu Santo, la plus septentrionale des grandes Cyclades de Bougainville (Nouvelles-Hébrides de Cook). La capitane, où Quiros était fait prison-

---

1. Dalrymple a publié six ans plus tard, en 1773, ce manuscrit, dont M. Major a donné en 1859 une traduction anglaise à la Société Hakluyt. (*A Memorial adressed to his Catholic Majesty Philip the Third, King of Spain, by Dᵣ Juan Luis Arias respecting the exploration, colonisation and conversion of the Southern Land* (*Early Voyages to Terra Australis now called Australia...* edited with an Introduction by R. H. Major. London, 1859, in-8ᵒ, p. 1-30.)

2. Figueroa, *Hechos de Don Garcia Hurtado de Mendoza, quarte Marquez de Cañete*. Madrid, 1613, in-4ᵒ, lib. VI, p. 290.

3. On trouve en effet dans un recueil de notes manuscrites qui a appartenu à Baudrand et qui de sa bibliothèque a passé dans celle de l'abbaye de Saint-Germain-des-Prés, actuellement à la Bibliothèque nationale (MS. Fonds espagnol, nᵒ 324, fᵒ 122), un extrait de Figueroa, qui n'a point été utilisé dans le *Dictionnaire géographique* publié après la mort de Baudrand.

nier par son équipage révolté, reprenait le 11 juin la route de l'Amérique, et l'almirante, abandonnée à elle-même, entreprenait dans l'ouest, le 26 ou 27 du même mois, l'admirable voyage qui a immortalisé le nom de son illustre chef. Quiros, qui s'est toujours efforcé de dissimuler les véritables causes de son insuccès de 1606 et qui exagérait comme à plaisir, dans ses mémoires, l'importance des résultats qu'il croyait avoir acquis à l'Espagne et à la religion, Quiros n'a parlé qu'en passant [1] et sans aucun détail des découvertes de son lieutenant, postérieures à leur séparation. Mais Figueroa, après avoir raconté, non sans beaucoup d'exagération, que Torrès avait touché dans sa route à plusieurs îles où abondent l'or, les perles et les épices, ajoutait qu'il « avait suivi une côte l'espace de 800 lieues, et en avait enlevé quelques habitants qu'il avait emmenés avec lui aux Philippines », d'où était parvenu le compte rendu de son voyage. Arias, plus précis encore, disait dans son mémoire « qu'ayant pris connaissance dès le 11e degré d'une terre très étendue, le marin espagnol avait navigué à l'est, ayant constamment à sa droite la côte d'une autre très grande terre, qu'il continua à longer, suivant sa propre estime, pendant plus de 600 lieues, en l'ayant toujours à main droite [2] ».

Dalrymple, qui a le premier fait connaître, ainsi que nous l'avons déjà dit, ce texte d'Arias, en a conclu, sans hésiter, au passage de l'almirante de 1606 entre la Nouvelle-Guinée et la Nouvelle-Hollande, et a donné le nom de Torrès au détroit qui sépare ces deux grandes terres. Fleurieu, vingt ans plus tard, interprétait la citation qu'il faisait de Figueroa de la même façon que Dalrymple avait interprété les quelques lignes d'Arias [3].

<hr>

1. Fleurieu, *op. cit.*, p. 48.

2. *Op. cit.* (Major, *Early Voyages*, etc., p. 20.)

3. En jetant les yeux sur la carte, dit Fleurieu, on est assuré que Torrès, partant de la terre du Saint-Esprit, n'a pu suivre une côte qui

Et plus tard, lorsque le texte même du rapport de Torrès, retrouvé à Manille, fut communiqué à Dalrymple [1] et traduit par lui pour le grand ouvrage de Burney [2], on put reconnaître combien le commentaire des deux célèbres hydrographes avait été exact.

Torrès dit, en effet, dans sa lettre au roi d'Espagne, qu'étant resté quinze jours à attendre Quiros dans la baie de Saint-Philippe et de Saint-Jacques, sans le voir revenir,

se prolongeât sur une étendue de 800 lieues espagnoles, sans avoir passé au sud de la Nouvelle-Guinée et par conséquent par le détroit que le capitaine Cook a nommé *détroit de l'Endeavour*. (Fleurieu, *op. cit.*, p. 47, n. y.)

1. M. Major a pensé que ce précieux texte avait été découvert par Dalrymple lui-même après la prise de Manille par les Antilles en 1762, (Major, *Early Voyages to Terra Australis, etc.* London, Hakluyt Society, 1859, in-8°, Introduction, p. XXV.) On ne voit cependant nulle part dans l'*Historical Collection* que Dalrymple ait possédé, au moment de la publication de ce recueil (1770), huit ans après la date assignée par M. Major, aucun manuscrit de Torrès. Il mentionne au contraire la relation de ce navigateur, dont un passage de Quiros (*Hist. Coll.*, vol. I, p. 163) et la bibliothèque de Peñelo de Leon (*Biblioteca Oriental y Occidental*, p. 671) lui avaient révélé l'existence, parmi les écrits dont il n'a pu se procurer la lecture. (*Hist. Coll.*, vol. I. *Introd. in fine.*) L'itinéraire tracé sur la carte de 1767 suffirait pour prouver que les documents précis faisaient encore défaut à cette date au géographe anglais sur le voyage du marin espagnol, et que c'était le seul texte d'Arias qui le guidait encore alors. Dalrymple déclarait d'ailleurs dans son mémoire du mois de juin 1782, sur les routes à tenir pour aller à la Chine et pour en revenir. (Al. Dalrymple, *Memoir concerning the Passages to and from China.* London, juin 1782, in-4°, p. 6), que l'on n'a point de « récit nautique » *nautical account*, du passage de Torrès en 1606 par le détroit qui porte aujourd'hui son nom. C'est donc à une date postérieure de plus de vingt ans à celle de la prise de Manille que le texte de Torrès est venu entre les mains de Dalrymple. Il n'a été imprimé qu'en 1806, dans *A Chronological History*, de Burney.

2. Cette traduction, reproduite d'après Burney dans le livre de M. Major (*op. cit.*, p. 31-42), a été jugée insuffisante par l'honorable Henry Stanley, aujourd'hui lord Stanley of Alderley, qui, s'étant procuré à Madrid la transcription d'une copie du texte original faite au XVIII° siècle, l'a de nouveau traduit dans une des notes qu'il a ajoutées à la fin de son édition anglaise des Philippines de Morga (*The Philippines Islands, Moluccas, Siam, Cambodia, Japan and China at the close of the sixteenth century by Antonio de Morga.*, trad. angl. Hakluyt Society. London, 1808, in-8°, App. VI). C'est cette traduction qui m'a servi plus loin.

à la suite d'un conseil tenu entre les officiers de l'almirante et de la patache, le 26 juin, il a quitté Spiritu-Santo pour accomplir les ordres de Sa Majesté. Après avoir tenté vainement de faire le tour de l'île, ce dont le temps et les courants l'empêchent, à court de vivres, en mauvaise saison, mal secondé par un équipage mécontent, il se décide, après une course d'un degré vers le sud-ouest sans voir de terre, à prendre la route du nord-ouest pour gagner les îles espagnoles. Par onze degrés et demi de latitude sud, il tombe sur ce qu'il appelle le *commencement de la Nouvelle-Guinée*. La côte court de l'ouest à l'est 1/4 nord-ouest sud-est. Il est impossible de doubler la terre en remontant à l'orient, et on en longe le sud en allant vers l'occident. « Toute cette terre est terre de Nouvelle-Guinée, dit Torrès. Elle est peuplée par des Indiens qui ne sont pas très blancs, et qui vont nus, quoique leur ceinture soit couverte d'écorces d'arbres, en manière de vêtements peints de diverses couleurs. Ils combattent avec des javelines, des boucliers et certaines massues de pierres, le tout orné de beaucoup de belles plumes. Le long de cette terre sont d'autres îles habitées. Il y a sur toute la côte de nombreux et vastes ports, avec de très larges rivières et beaucoup de plaines. En dehors de ces îles s'étendent récifs et bas-fonds, les îles sont entre ces dangers et la terre ferme, et un chenal court au milieu. Nous prîmes possession de ces ports au nom de Votre Majesté, à la décision de laquelle les choses demeurent. Ayant couru 300 lieues sur cette côte, comme il a été dit, et vu décroître notre latitude de deux degrés et demi, jusqu'à nous trouver par neuf degrés, en ce point a commencé un banc de trois à neuf brasses qui longeait la côte jusque par sept degrés et demi. Ne pouvant aller plus loin à cause des basses nombreuses et des puissants courants que nous rencontrons, nous nous décidâmes à tourner notre course au sud-ouest par le chenal profond dont il a été parlé, jusque vers le onzième degré. Il y a là d'un bout à l'autre un archipel d'îles innombrables, par lequel je passai. A la fin du onzième degré le fond devint plus bas. Il y avait là de très grandes îles et il en paraissait davantage vers le sud; elles étaient habitées par un peuple noir, très robuste et tout nu, ayant pour armes de fortes et longues lances, beaucoup de flèches et des massues de pierre mal façonnées. Nous n'avons pu acheter aucune de ces armes. J'ai pris dans toute cette contrée vingt personnes de différentes nations, afin de donner à Votre Majesté, par leur moyen, de meilleurs renseignements. Elles fournissent déjà beaucoup d'informations sur d'autres peuples, quoique jusqu'à présent elles ne puissent pas encore se faire très bien comprendre[1]... »

Rien d'essentiel ne manque à cette relation. Dans son style maritime aux allures rapides, Torrès résume tous les traits les plus frappants de l'hydrographie, de la topographie et de l'ethnographie des régions dont il vient de révéler pour la première fois l'existence. D'une part, ces îles habitées, couvertes du côté de la mer par le récif, avec leur chenal intérieur; de l'autre, ces basses continues, sur lesquelles la mer déferle avec force, caractérisent admirablement en quelques mots le régime des côtes au sud-est et au nord-ouest du cap Possession. Les innombrables îles au milieu desquelles les navires vont passer vers l'ouest, sont, à n'en pas douter, celles du détroit qui portera le nom du commandant espagnol. Les terres qu'on voit plus au sud s'appelleront plus tard les îles du Prince de Galles et la péninsule d'York. Et quant aux vastes ports, aux rivières et aux plaines de l'est, un jour viendra, plus de deux siècles et demi plus tard, où les Anglais les inscriront avec des noms nouveaux sur leurs cartes nautiques.

Alors seulement aussi les ethnographes apprendront l'existence dans le sud-est de la Nouvelle-Guinée d'un peuple

____

1. *Trad. cit.*, p. 414.

au teint relativement clair, différant des autres peuples de cette grande île par des caractères physiques et ethnographiques que Torrès avait signalés à la fois, en même temps qu'il avait fait connaître quelques-uns des traits propres aux Australiens et aux vrais Papouas.

Une exploration aussi importante que celle dont le récit vient de passer sous nos yeux, devait avoir laissé des traces dans la géographie, et la première question que se posait en présence de la carte de 1700, à laquelle nous revenons après cette indispensable digression, devait porter nécessairement sur l'attribution à faire au voyageur espagnol de la nomenclature inconnue, écrite en sa langue, que nous y trouvons consignée. Torrès est le seul Européen qui ait abordé avant Bougainville et Cook les côtes méridionales de la Nouvelle-Guinée de l'est, et non seulement la carte ne contient rien qui s'oppose à ce qu'on en assigne la paternité à l'illustre voyageur, mais un certain nombre des détails qu'on y peut lire sont en rapports étroits avec sa relation. A ces divers arguments en faveur de l'attribution proposée, je suis en mesure d'en ajouter un dernier, plus décisif encore, et que j'emprunterai à un ordre de faits dont l'étude m'a déjà rendu quelques services au cours de ce travail.

Sur les treize noms espagnols de notre côte méridionale de Nouvelle-Guinée, six sont puisés dans le calendrier. L'usage d'imposer aux localités découvertes le nom du saint du jour où on les a tout d'abord rencontrées, était encore en vigueur en 1606. Torrès, dans la partie du voyage qui lui avait été commune avec Quiros, ayant à donner quelques noms à de petites îles qu'il avait le premier aperçues du haut de son navire, n'avait pas manqué de choisir ceux qu'il avait lus dans l'almanach au jour de leur rencontre. Son rapport au roi appelle, par exemple, l'île vue le 29 janvier 1606, *isla de San Valerio*, et celle que l'on découvre le 9 février, *isla de Santa Polonia*; or, le principal saint fêté en Espagne le 28 janvier était encore, au commencement du XVII° siècle, saint Valère de Saragosse, et la fête de sainte Apolline se célèbre encore maintenant le 9 février.

Torrès a dû agir encore de même après le départ de la capitane. Si l'on peut démontrer que les six noms de saints inscrits à la bande sud de notre carte néo-guinéenne concordent avec les dates où l'almirante visitait les côtes où elles s'alignent, on aura prouvé du même coup, sans contestation possible, que c'est l'illustre marin espagnol qui a créé cette nomenclature et construit la carte qui nous l'a conservée.

Le texte de Torrès ne contient aucune date qui puisse nous éclairer sur le moment précis de son apparition dans ces parages. Mais il n'est peut-être pas bien difficile, étant connu le jour de son départ de Spiritu Santo, de déterminer avec une suffisante approximation, à l'aide des données précises fournies par quelque autre voyage accompli dans des conditions semblables, l'époque vers laquelle ses navires arrivaient dans les eaux de la Nouvelle-Guinée.

Torrès nous apprend qu'il tint un grand conseil quinze jours après le départ de Quiros, et qu'à la suite de cette réunion on quitta Spiritu Santo. La capitane avait disparu le 11 juin, c'est donc le 26 qu'eut lieu la délibération qui mit fin au séjour dans la baie de Saint-Philippe et Saint-Jacques, et c'est ce jour ou le lendemain que l'almirante et la *Zabra* reprirent leur marche.

Or, les deux vaisseaux de Bougainville [1] quittaient en 1768, vers la même époque de l'année, le même archipel auquel le nom de grandes Cyclades venait d'être imposé, marchaient d'abord droit à l'ouest, puis gagnaient dans le nord-ouest un point de la côte méridionale où Torrès était venu atterrir cent soixante-deux ans avant. Parties le 29 mai de la pointe sud de Spiritu Santo (cap Lisburne des Anglais),

---

1. *Voyage autour du monde par la frégate du Roi la Boudeuse et la flûte l'Étoile, en 1766, 1767, 1768 et 1769.* Paris, 1771, in-4, ch. IV et V.

la *Boudeuse* et l'*Étoile* arrivaient, treize jours après, le 10 juin, au Cul-de-Sac de l'Orangerie.

Les navires de Torrès faisant route à peu près dans la même saison, avec mêmes vents régnants, mêmes courants, etc., auraient marché à peu près aussi vite, s'ils avaient suivi tout à fait la même direction. C'étaient de bons navires, les plus solides et les mieux armés qu'ait encore vus la mer du Sud, au dire de Torquemada. L'infériorité de leur marche, par rapport aux bâtiments de 1768, ne pouvait pas être si marquée que l'on dût, pour en tenir compte, ajouter beaucoup aux treize jours de navigation de l'escadre française.

Mais Torrès, de son propre aveu, avait perdu du temps en cherchant d'abord à faire le tour du Spiritu Santo, en s'efforçant ensuite d'avancer dans la direction du sud-ouest. Il faut donc allonger de quelques jours sa traversée de Spiritu Santo à la Nouvelle-Guinée, pour faire la part de ces deux causes de retard. Si l'on suppose qu'une semaine a pu être employée à cette double recherche, les Espagnols auront dû arriver en vue de la grande terre vers le milieu de juillet.

Or, le premier vocable qui se rencontre sur la carte du *Neptune*, après ceux qui désignent des terres dépendant manifestement de l'archipel Salomon, ainsi que je l'ai précédemment montré, est celui de Saint-Bonaventure, dont la fête se célèbre le 14 juillet[1]. Le deuxième nom marqué sur notre côte méridionale est celui de la Madeleine, *Tierra de la Madelena*, qui tombe le surlendemain. Après ces noms de saints du mois de juillet, s'alignent dans un certain désordre des saints du mois d'août : saint Laurent, patron du 10 de ce mois, sainte Claire, que l'on fête le 12,

---

1. Dans sa lettre de 1613 au roi d'Espagne, Diego de Prado appelle la grande terre découverte par l'expédition *la magna Margarita*, probablement parce que c'est le 20 juillet, jour de sainte Marguerite, que l'on en prit pour la première fois connaissance (Henry Stanley, *trad. cit.*, p. 128).

saint Barthélemy, dont la date correspond au 24, saint Augustin enfin, inscrit sous celle du 28 [1].

Nous avons déjà dit qu'il ne faut se préoccuper sérieusement, dans la carte qui est sous nos yeux, ni de la nature des lieux auxquels s'appliquent les mots qu'elle fournit, ni de la place exacte que leur a donnée le graveur. Nous avons vu sur la côte nord-est un certain nombre d'exemples de transpositions et de changements d'attributions.

Il est probable qu'il en doit être de même à la côte sud-est, pour laquelle nous n'avons plus les moyens de correction que nous fournissaient pour le nord-est Mercator, Herrera, etc. Aussi ne nous étonnerons-nous pas de voir Santa Clara à l'orient de S. Bartolomeo, ou de rencontrer entre le port et l'île placés sous l'invocation de cet apôtre une autre île dédiée à saint Laurent.

Il n'en reste pas moins établi que les localités méridionales qui portent des noms empruntés au calendrier s'échelonnent de l'est à l'ouest, de telle sorte que les saints du mois de juillet se présentent d'abord, puis ceux du mois d'août, et que la rencontre est parfaite entre les dates présumées du passage de l'expédition et celles qui correspondent aux saints dont les noms figurent sur la carte. Je conclus sans hésitation de cette coïncidence que c'est bien au voyage de 1606 que cette carte était destinée à servir d'explication.

Or, sur cette carte, la *tierra de Buenaventura* occupe, à l'extrémité de la dent méridionale d'une sorte de fourche comparable dans une certaine mesure à celle que M. Moresby a décrite, une situation toute semblable à celle que

1. Un seul nom emprunté à l'hagiographie reste en dehors de cette curieuse série à la bande sud de la Nouvelle-Guinée; c'est celui des *Trois Maries* donné à un petit groupe d'îles, que l'on voit en bas de notre carte, et vers son milieu, mais dont je crois pouvoir m'expliquer la présence par un malencontreux détournement fait ici au détriment des îles Salomon sur la carte desquelles Mendana avait inscrit ce nom en 1567.

ce navigateur attribue à ses îles Hayter, Basilisk, Moresby, etc. Sans attacher plus d'importance qu'il ne faut à des contours dont la précision est souvent en défaut ailleurs, je crois pouvoir pourtant conclure de mon examen à une reconnaissance, dirigée par les Espagnols de 1606, pendant leur illustre voyage, au sein de l'archipel que l'on sait aujourd'hui former la terminaison orientale de la Nouvelle-Guinée. La terre de Saint-Bonaventure, bien distincte de la grande terre, avait une certaine étendue, elle ne peut donc se confondre avec aucune des îles de la Louisiade, comme M. Stanley l'a pensé [1]. Ces îles, surtout à la bande du sud, sont petites, couvertes de fort loin, au moins les plus importantes, par un immense récif à peu près continu et presque inabordable. Pour avoir tenté de remonter par l'est, les deux navires espagnols ont dû nécessairement prendre connaissance de la terre à une certaine distance à l'ouest de son extrémité, et comme je trouve sur la carte de 1700 cette extrémité terminée par une île d'une certaine étendue, je me crois autorisé à admettre que c'est à la hauteur du groupe Moresby des cartes actuelles que l'escadre de Torrès est venue aborder et que la tentative dirigée vers l'est a été faite, soit le long des îles qui forment cet archipel, soit par l'un des détroits qui conduisent par la baie Milne vers la pointe nord-est de la fourche et l'archipel de d'Entrecasteaux.

Si *Buenaventura* est l'une ou l'autre des îles récemment découvertes par les Anglais, le *Mira como vaz*, forme espagnole de l'*Attention* de nos instructions nautiques, correspondra aux îles Brumer, et la *Santa Clara* se placera un peu plus loin, vers le groupe Dufaure. En continuant l'examen comparatif des contours méridionaux de la vieille carte avec ceux des cartes récentes, on sera amené à considérer le port de Saint-Barthélemy comme notre baie de la Table,

<hr>

1. H. Stanley, *trad. cit.*, p. 111, n. 2.

l'île *San Lorenzo* comme l'île Grange actuelle, *puerto de San Agustino* comme le *Cloudy Bay* des Anglais, le *cabo de la Costa*, enfin, comme la pointe Hood des mêmes hydrographes. Plus loin, dans le nord-ouest, la *punta de la Galera* [1], pointe de la galère, ainsi nommée peut-être de quelqu'un de ces grands canots usités par les naturels, sera représentée par le cap Suckling et *las Riadas* [2], les ruisseaux, conviendra très bien pour désigner la baie de Fresh water.

Les navigateurs ont depuis longtemps appelé l'attention sur le contraste que forme avec la chaîne des hautes montagnes d'Owen Stanley le pays bas et plat que l'on trouve en allant au nord-ouest après le cap Possession; c'est ce qu'exprime la carte de d'Ablancourt par les mots *Tierra baixa*, terre basse. Au delà commence le détroit de Torrès, représenté par le mot *Abrolhos*, les écueils. Un groupe d'îles innominées, que l'on voit dessiné à gauche de ce mot, rappelle l'archipel compliqué qui hérisse cette dangereuse mer.

Avec *los Abrolhos* prend fin le long voyage que nous venons de faire autour des côtes de la Nouvelle-Guinée. Quelque incomplets que soient encore les documents qui ont fourni la base de ce travail, quelque insuffisantes que demeurent certaines identifications que nous avons proposées, il est aujourd'hui établi que dès 1606 il ne restait d'absolument inconnu dans la moitié orientale de la Nouvelle-Guinée que les côtes qui s'étendent à l'est, depuis les montagnes du Finistère jusqu'à la baie Milne, côtes dont Dampier, puis d'Entrecasteaux et d'Urville, et de nos jours M. Moresby, ont successivement arrêté de mieux en mieux les contours. Saavedra, Grijalva, Yñigo Ortiz, d'une part, Fernand Vaz de Torrès, de l'autre, avaient longé presque toutes les autres terres et imposé aux points les plus remarquables

---

1. Je lis *Galera* et non *Gabera* comme Mortier l'a imprimé.
2. Correction du *Tiados* de la carte, qui n'a aucun sens.

des noms qu'il y a lieu de faire revivre partout où l'on peut retrouver leur position avec quelque certitude et où la nomenclature indigène, que l'on doit toujours préférer, se montre insuffisante. D'autres noms encore reprendront sur les cartes modernes la place qu'ils n'auraient jamais dû perdre, si, comme nous aimons à le croire, les documents originaux des navigations de Saavedra, d'Ortiz, etc., se retrouvent quelque jour comme s'est retrouvée la relation de voyage de Torrès à la fin du xviiie siècle, et si l'histoire de ce dernier se complète par la découverte des plans qui en ont été dressés.

L'un des officiers de Torrès, Diego de Prado, écrivant de Goa, le 24 décembre 1613, la lettre citée plus haut, annonçait l'envoi au roi de la carte des découvertes effectuées par Luis Vaes de Torrès[1]. Puisque la lettre de Diego de Prado est arrivée à sa destination, et qu'une copie a pu en être consignée au Ms. J. 2 de la Bibliothèque nationale de Madrid, où lord Stanley l'a rencontrée, nous sommes en droit d'espérer que les levers qui l'accompagnaient tomberont quelque jour sous les yeux d'un géographe qui en saura reconnaître l'importance ; et, publiés tout aussitôt, viendront compléter les renseignements que nous avons pu coordonner dans les pages qui précèdent sur cette campagne de 1606, la plus audacieuse et la plus habilement conduite que les Espagnols aient dirigée dans les eaux inconnues du grand océan Pacifique.

1. Stanley, loc. cit., p. 112.

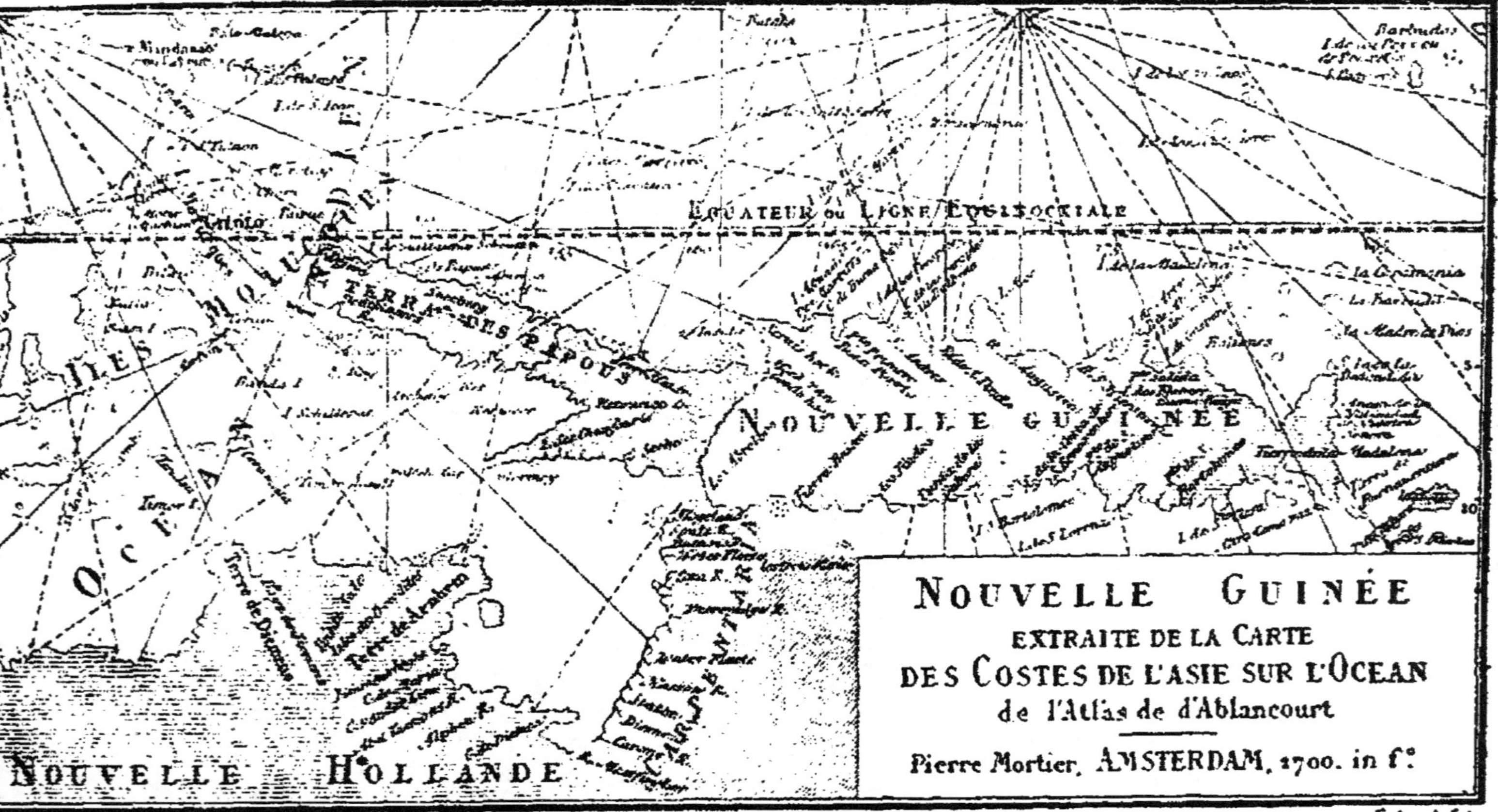

NOUVELLE GUINÉE
EXTRAITE DE LA CARTE
DES COSTES DE L'ASIE SUR L'OCEAN
de l'Atlas de d'Ablancourt
Pierre Mortier, AMSTERDAM, 1700, in f°.
ÉQUATEUR ou LIGNE ÉQUINOCTIALE
ILES MOLUQUES
OCÉAN
TERRA DES PAPOUS
NOUVELLE GUINÉE
NOUVELLE HOLLANDE
Terre de Diemens
Terre d'Arnhem
Echard Sc.